日本居住福祉学会

居住福祉ブックレット

1

居住福祉資源発見の旅

新しい福祉空間、懐かしい癒しの場

早川和男
Hayakawa, Kazuo

東信堂

はじめに

高齢者福祉といえば、老人ホーム、介護保険などの施設やサービスを思い浮かべる。福祉施策の基本として大切にちがいないが、超高齢社会ではその充実と同時に、住居や町や村自体が福祉の基盤となる「居住福祉社会」の構築が必要である。医療や福祉サービスは事後対応で一種の消費だが、健康で快適な居住空間は予防医療、予防福祉の役割を果たし、人びとの暮らしと幸せを支える。社会的入院や入施設などの社会的費用の削減にも寄与する。

地域社会の中の一見、福祉とは無関係とみられる文化や施設などにも、高齢者をじゃじめとする地域住民の健康と生きがい、暮らしと福祉を支えているものが多数ある。私はこれを「居住福祉資源」と名づけ、それを発見・評価し、その保全、再生、創造にとりくむ人々を現地に訪ねてみようと思う。これは、わたしの居住福祉資源を訪ねるこころの旅路である。

二〇一一年三月の東日本大震災は、日常的な「居住福祉資源」をはじめとする地域住民の役割をより明確に示した。

目　次／居住福祉資源発見の旅：新しい福祉空間、懐かしい癒しの場

はじめに……i

一、寺　社……3

1 「おばあちゃんの原宿」とげ抜き地蔵―東京巣鴨　4
2 仏にかこまれたケア空間「くぎぬき地蔵」―京都西陣　8
3 「嫁いらず観音院」の知恵―岡山県市原市　12
4 「高塚愛宕地蔵尊」―大分県日田市　16
5 寺社は精神的居住福祉資源―「八事山《やごとやま》興正寺」名古屋　20

二、暮らしの中の居住福祉資源……25

6 懐かしさに癒される銭湯―京都「石川湯、泉涌寺湯《せんにゅうじゆ》」　26
7 人生をとりもどす住居―大阪・釜ヶ崎「サポーティブハウス」　29
8 家族のぬくもりをとりもどす
　―新潟「うちの実家」・坂戸「元気な亀さん」　33

9　街の中のトイレ―秋田県鷹巣町「げんきワールド」　37
10　「高齢者にやさしい商店街」松江市天神町　42
11　「ご近所型福祉」―米子「田園プロジェクト」　46
12　「音のカーナビ」のまち―群馬県草津・栗生楽泉園《くりゅうらくせんえん》　49

三、公共・公益施設……55
13　無人駅に集う高齢者たち―鳥取県・八橋《やばせ》駅　56
14　ローカル線・路面電車の福祉機能
―千葉県「いすみ鉄道」・広島電鉄他　62
15　「ひまわりサービス」―過疎地の高齢者を支える郵便局　66
16　福祉を配達するデイサービス船「夢ウエル丸」―岡山県笠岡市　71

四、村と町を居住福祉空間にする……77
17　「ニュータウンの再生」―大阪府・千里ニュータウン　78
18　防災対策は日常の居住福祉政策にあり―「阪神大震災」の教訓　82
19　故郷は心の居住福祉資源―新潟県「山古志村」　86

20　高速道路を壊して清流をとりもどす―ソウル市清渓川《チョンゲチョン》の復元　90

むすびにかえて―住居の社会的保障は最大の居住福祉資源……97

参考文献　101

居住福祉資源発見の旅：新しい福祉空間、懐かしい癒しの場

一、寺社

嫁いらず観音院の「奥の院」。右手は三十三観音詣でへの径

寺院や神社は、昔から福祉空間であった。緑にかこまれたひろく静謐《せいひつ》な境内は地域住民のオアシス（砂漠の中で水がわき、樹木の生えている場所。人びとの気持ちを和らげたり、いやしてくれる場所―『大辞林』）であり、散策や憩い、精神的安定、敬虔な気持ちをやしなう。祭り・縁日などによる人出と賑わい、宗教的諸行事は地域社会のコミュニケーションの場であり、レクリエーション、防災・避難空間などにもなっている。門前市にならぶ地元の農産物や魚介物の販売と購入は、地域住民の仕事の創出と交流、それらによる高齢者の外出の促進の役割を果たしていることもある。

日本人はよくお寺や神社にお参りするが、それは強い信仰心によるというよりも生活の中に定着した、いわば「生活習慣的信仰心」とでもいうようなものかもしれない。いくつかを訪ねよう。

1　「おばあちゃんの原宿」とげ抜き地蔵―東京巣鴨

例えば「とげ抜き地蔵」として有名な東京・巣鴨の高台寺境内にある小さな「洗い観音」は、観音さんに水をかけ、自分や身内の病んでいるのと同じ身体の場所をハンカチなどでさすり、それをからだに当てると治るという信仰がある。

観音の前には大勢の参詣客が並んで順番を待ち、境内のベンチは休息する人たちであふれ

「とげ抜き地蔵」高岩寺の山門

ている。中高年の人たちを中心に普段は一日に二〜五万人、縁日のたつ毎月四のつく日は一〇万人ともいわれる関東一円からの参詣客で賑わう。

山門横の「とげ抜き生活館相談所」では、「人の心に刺さったとげをとり除きましょう。家庭内のもめごと、子育てや教育、老後の生活、その他お気軽に相談下さい」と無料で相談に応じている。

ＪＲ・地下鉄巣鴨駅から高岩寺にかけての参道約八〇〇メートルには店や露店が軒をつらね、「おばあちゃんの原宿」として、お年寄りにとって楽しいショッピング空間になっている。参詣するのは洗い観音だけれど、お目当ては地蔵通り商店街の散策と買い物を楽しむこと。滞在時間はお寺参りよりも商店街のほうがはるかに長いというのが実情で、買い物が目的で来る、楽しい、と答える

洗い観音への水かけ

中高年者で賑う巣鴨商店街

巣鴨商店街は福祉空間

レトロの衣類や食べものがならぶ。値段が安い

人が多いそうである。

値段が安くむかし懐かしい衣類や小間物などのレトロ商品の店が並ぶ。ここでの人気商品は、戦時中のモンペ（婦人が労働するときにはいた裾のすぼまった作業ズボン――三省堂『口語辞典』）の機能と戦後のスラックスのスタイルを一体化した「モンスラ」で、よく売れているという。商店街の賑やかさ、興奮、買い物の楽しさは、高齢者を外に誘いだす。お年よりがいつでも来れる気のおけない「ショッピング・デイサービス・ストリート」であり、その存在自体が「福祉空間」になっている。

2　仏にかこまれたケア空間「くぎぬき地蔵」―京都西陣

京都市上京区西陣の「くぎぬき地蔵」は、境内に立ち並ぶたくさんの仏さんが参詣者を見守る、お年よりにとって心休まるサロンである。朝五時半にはもう山門が開かれ、三、四〇人の中高年者が集まってくる。毛氈の敷かれた床几では、お茶を飲んだりお菓子を食べたりと、ときのたつのを忘れる。家では話し相手がいなくても、ここに来ると友達がいて、楽しいひとときが過ごせる。一日に二〇〇人ほど来るそうで、女性が多い。

「くぎぬき地蔵」石像寺の山門

正式の名前は石像寺《しゃくぞうじ》で、八一九年弘法大師によって開設された。当時は「苦抜き地蔵尊」と称されたが、今は「くぎぬき地蔵」として親しまれている。ボランティアで境内の清掃などを日課にしている女性の歳をきくと八七歳といわれた。背筋がしゃんと伸びた後ろ姿は四〜五〇歳にしか見えず、びっくりした。

〝お百度〟をふむ人がいる。家族などのために願をかけて年の数だけお堂をまわる。七五歳なら一二回。足腰が強くなって歩く力がつき元気になる人もいる。加藤廣隆・住職の話によると、「ある八〇歳過ぎの女性ははじめはよたよたとまわっていたが、半年後には一人でしゃんと歩くようになった。そんな人が何人かいました」。「九四歳で亡くなった女性は九二歳まで毎日一人でお参りしてい

境内で憩う参詣者と青空無料健康診断

ました」。

歩くことが健康によいのはみな知っている。しかし、外へ出て歩きたくなるような、楽しく心の癒される、安全で快適な道は街の中にはそう多くない。お寺の境内は仏が見守り、桜や紅葉や四季折々の花や樹木が参詣者をつつみこんでくれる。仏にむかってちょっと手をあわせることで心がやすらぐ、すばらしい福祉空間なのである。加藤住職は、寺の機能として「お寺は仏さんに守られているから、心のうさの捨て場所、心のコントロールが可能になる」といわれる。ここでも住職が無料で人生相談に応じている。

毎月二四日には汁粉がふるまわれる。隣の上京病院の医師・看護師や地域住民が支える「上京健康友の会」が、境内で青空無料健康相談会を開い

仏に見守られる境内

お百度をふむ

ている。伝統ある歴史文化環境に包まれたケア空間、心のオアシスになっている。

3 「嫁いらず観音院」の知恵―岡山県市原市

岡山県井原《いばら》市の「嫁いらず観音院」は境内に入ると高さ七・七メートルの観音像に迎えられる。天平九（七三七）年、奈良時代の行基菩薩の開基といわれ、本尊の十一面観音像を拝めば「いつまでも健康で幸福な生涯をまっとうし、嫁の手を患わすこともない、という霊験がある」とされることから、「嫁不要《いらず》」の名で親しまれている。平成一三年の来場者は中国、四国、九州、関西方面から約二五万八〇〇〇人。多くは中高年である。

観音院に住職はいない。地域共同体が管理している。毎月一七日の月例祭には近在五カ寺の住職が交替で唱名をあげる。

本堂の奥から、木漏れ日のさす小経を行くと、「奥の院」がある。そこで戻る人もいるが、奥の院の右手から左手へと続くなだらかな丘陵に三十三観音像が並んでいる。参詣者はお参りしながら、二〇分前後かけて丘を越える。家族に手をつながれて歩くお年寄りや、障害のある大きな身体を杖をたよりにゆっくりと登って行く男性もいる。

「嫁いらず観音院」の全景。右手前は蓮の池

本尊や観音像を拝めば嫁いらずになるわけでない。小さな丘を歩くこと、それが嫁いらずにつながる。

「嫁いらず」と命名し、高齢者を外に誘いだし、観音詣でを楽しみながら、季節の風物に彩られた小山を歩かせて健康長寿の手助けをするとは。だれが考えたかわからないが、見事な仕掛けであり演出である。先人には知恵者がいると感心する。

私は取材や案内をかねて五回訪ねた。丘陵は四季折々の樹木の風景に囲まれ、境内の池には蓮の花が一杯にひろがる。例祭には、露店が並び参詣者で賑わう。心から楽しそうに話しあっている八〇歳前後と思われる老婦人の四人づれの風景などが、今も印象にのこる。

私が訪問するたびに、いつもていねいに応対し

親しげに語りあうお年寄りたち

「奥の院」にお参りする

観音詣でをしながら山越えする

てくださる宗教法人・嫁いらず観音院総代表の石原多喜男さん（現在は山村勝保氏に交替）によると、三十三観音像の安置されている丘陵は江戸末期から明治にかけて開かれたと伝えられるが、詳細はわからないという。いつも車で案内してくれる岡山県庁勤務の江端恭臣さんは「それを考えた人のことを調べると論文ができますね」といったが、私も研究に値いすることがらと思う。

全国どこにでもある寺社は、高齢者の心の安らぎの場所であるとともに「健康福祉ウオーキング」の場になっているといえる。

4 「高塚愛宕地蔵尊」―大分県日田市

「高塚《たかつか》さん」の愛称で親しまれ、無病息災、家内安全、ボケ封じなどの願いで、北九州一円から毎日五千人～三万人、年間二〇〇万人ほどの参詣者がある。一二〇〇年前に僧行基が自ら彫刻したという地蔵菩薩を安置、死後御堂を建てたことが愛宕地蔵尊のはじまりとされている。老人クラブ、老人ホーム、デイサービスセンターなどからもバスで参詣にやってくる。ひろい駐車場には老人ホームの名前のついたミニバスがたくさん並んでいた。

高齢の女性が、急な階段をのぼり、線香をそなえ、煙をからだに浴び、鐘をついている。バリアフリーの設備も整っているので、障害者が一人で来て、車いすでいくつもある仏さんを参詣してまわることができる。中年の男性が八〇歳過ぎの認知症と思われる母親をつれて境内にたたずむ風景は、ここが癒しの空間になっていることを実感させてくれた。

ゆるやかとは思えない長い階段の参道にそって、ユニークな庇の並ぶ門前市がつらなっている。地元の人は「露店」と呼んでいる。階段の入り口には「ふるさと農産物直売所」という看板が立っている。並んでいるのは、朝自分の庭で摘んできたやまぶきなど新鮮野菜、果物、地元の生椎茸、柚子酢、柚子胡椒、銀杏、唐辛子、各種薬草、海産物、自宅で漬けた梅干し、つけもの、み

高塚地蔵で鐘をつくお年寄り

そ、干し竹の子、よもぎまんじゅうなど。豆類など仕入れたものもあるが、大体は自家菜園である。どれも新鮮で値段が安い。参詣客にとっては、店を眺めながら参道を上がるのも（一種のウインドウショッピング）、楽しみのひとつである。それに、「（霊験のある）高塚さんで買ってきた」ことが家族の食卓を豊かで賑やかにしているという。

露店は以前、三〇店舗ほどあったが、高齢でやめた人もいて、今は二一軒。うち一二軒は高塚地蔵尊の氏子《うじこ》、九軒は近在集落の人たちが営業している。上のほうに並ぶ氏子の一二軒は毎日曜日一区画ずつ下がって順序が変わる。一番下まで下がると今度は一番上にあがる。地蔵さんに近い上ほど客が多いからという。「氏子」には「氏神が守護する地域の人びと」の意味があるが、露店の人たちは「自身が氏神

高塚さんの境内は癒しの空間

となって互いの暮らしを守っている」かに思える。地域共同体の知恵といえよう。

店番をしているのはほとんどが中高年の女性である。そして、彼女たちと来客の交わす会話を聞いていると、露店通りは地域社会のコミュニケーション空間になっている。「年金の月六万円だけでは暮らしていけないので働いているが、ぼけ退治にもなります」といわれる。年を聞くとびっくりするほど若く見える。店を開くのは朝八時ごろから。電灯がないので早く閉める。冬の暖房は石油ストーブだけ。寒い。だが、みんな元気で長生きしている。

一般に寺社の門前市は、地場の農林漁業を支え、生産者と消費者の出会う場、世代をこえた人々の交流空間となっている。門前市が発達して町になった例もある。

参道には地元のさまざまな産物などが並ぶ

農家の庭先で採ったものが多いという

5　寺社は精神的居住福祉資源—「八事山《やごとやま》興正寺」名古屋

興正寺は、毎月五日と一三日の例祭には二〜三万人の参詣者がやってくる。縁日の賑わいはスケールが大きい。名古屋にある日本福祉大学・社会人向け大学院での私の講義「居住福祉」の実地研究として、学生十余人と一緒に興正寺をたずね、梅村政昭・執事長から話を伺った。梅村さんの話は、興味深かかった。

年寄りが寺にくる目的は何か、

①頼れるもの、つまり仏様がある。

②頼れる話ができる。宗教ホスピタル的な存在。

③顔なじみの人にあえる。

④げた履き、エプロンがけで出かけてショッピングができる。「縁日は年寄りのデパート」、などなど。

これらの話を聞いて私は質問をした。現在のお年寄りが信心深いのはわかるが、若者たちはそうでもない。世代が変わると参詣者も減るのでは、と。「いやそうではない」と、梅村さんはいわれる。「年をとれば、親や親しい友だちが亡くなっていく。病いの床に伏す。ぼける人がでる。そ

興正寺境内

ういうとき、心の支えになるのは仏様なのです。だれでも年をとれば仏にすがりたくなる」と。

現在の仏教ブームは、現実のつらい生活、将来に対する不安への逃げ場になっているという指摘がある。それも事実であろう。しかし、興正寺にお参りするために、朝八事《やごと》の地下鉄駅の階段を力をふりしぼってのぼる老婦人、参詣客で賑わう境内の長い石段の下でひざまずき、はるか上のお堂に手をあわせる大きく背中のまがった老女を目にして、何がこの人たちを突きうごかしているのか、と思った（二三頁写真）。

近親が病になればその回復を願って心で祈り、身近かな人の死に接すれば神や仏に不安定な自分のこころの居場所をもとめる。それが寺であり仏であり神社のひとつの役割なのであろう、という

縁日は年寄りのデパート

気がする。私の父は宮司で叔父は大僧正であった。いまの私には、「生活習慣的信仰心」すら心もとないが、寺社が「精神的な居住福祉資源」としての存在であることはよく理解できる。

五木寛之さんは『百寺巡礼―奈良』の中で「日本の寺々には、何か大事なものがあると私は信じている。そして、その寺のある土地には、人の生命をいきいきと活性化し、大きな深いものを感じさせる見えない力が存在していると感じる」と述べているが、その感性には私も共感をおぼえる。

神社も同じである。鎮守の森にかこまれた境内は居住福祉環境資源である。鬱蒼とした樹木の四季折々の鮮やかな色彩は参詣者の心を洗う環境をつくり、そこで行われる伝統行事のお祭りはその

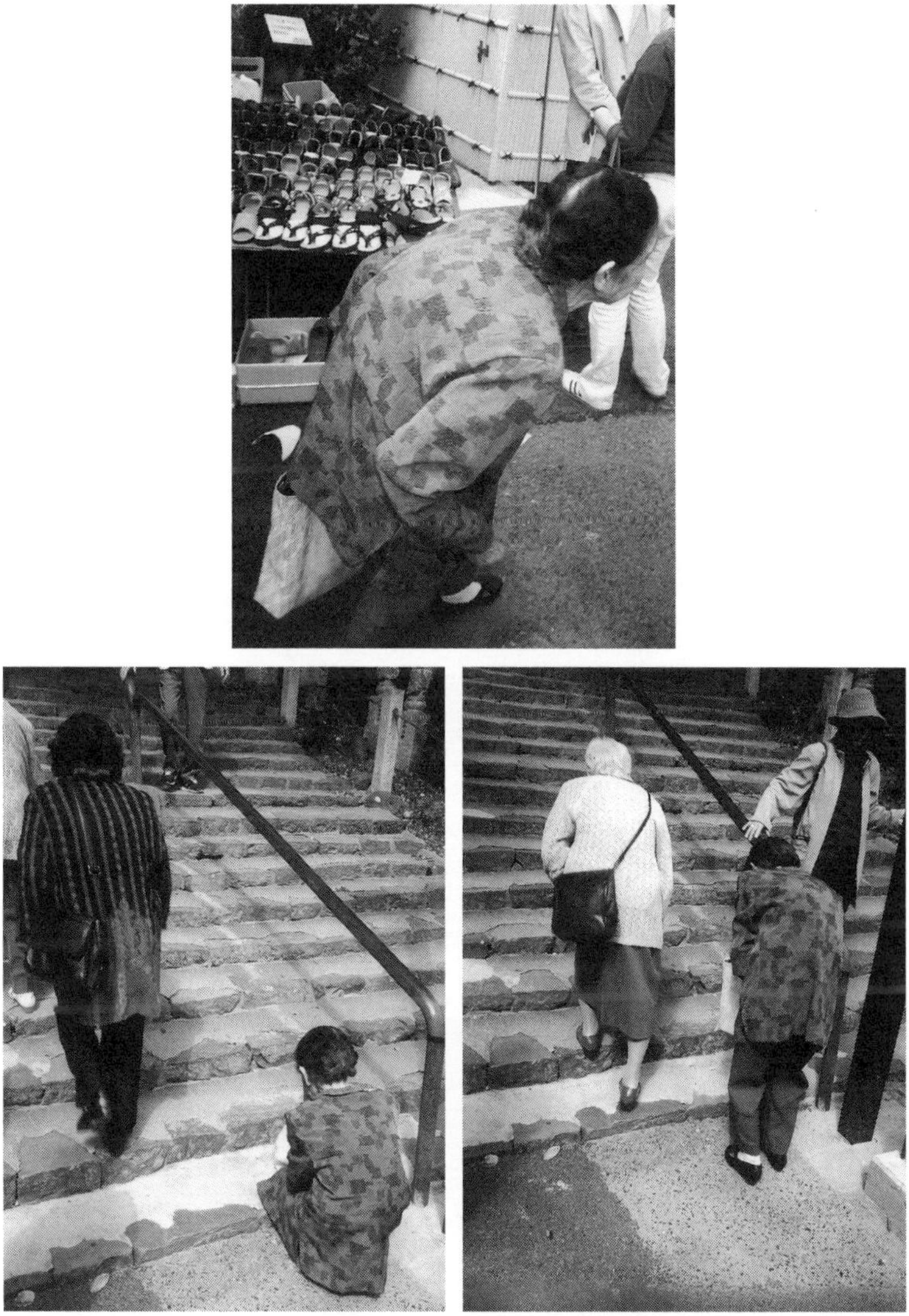

寺社は心の拠りどころ

準備段階からお年寄りや子どもの出番が多く、それが高齢者福祉につながっている場合も少なくない。祭りは子どもも心にも興奮と感動をあたえ感性をやしなう一種の福祉行事ともいえる。

デイサービスは費用がかかるのに対し、これらの地蔵やお寺や神社は無料で、回数や時間に制限がなく毎日でも来れる。縁日でのショッピングは楽しく、仏さんにちょっと手を合わせることで心が安らぐ、親しみやすい福祉レクリエーション空間になっている。

デイサービスは一般に送迎バスがあり、入浴や給食やリハビリなどのサービスがあって、心身の不自由なお年寄りの在宅福祉を支える役割は大きく、今後いっそう充実させる必要がある。また、どこにでも地蔵さんや神社があるわけではない。だが、こうした社寺などが果たしている役割にもっと目をむけるべきであろう。

（追記） 新潟県中越大震災復興基金は、「地域・集落などのコミュニティの場として長年利用されている被災した鎮守・神社の建替・修繕」に一件二千万円補助する制度を設け（補助率四分の三以内）、二〇一〇年二月末現在、一、五六八件が補助された（事業は平成二〇年度まで）。詳細は『居住福祉資源発見の旅II』参照。

二、暮らしの中の居住福祉資源

「うちの実家」（新潟市内）でくつろぐ人たち

私たちの暮らしはさまざまな地域の資源や人々の努力によって支えられている。身のまわりのすべてを居住福祉資源の視点から評価し直し新たな生命を吹き込むことが、まちをお年寄りにとって住みやすくするために必要なことだと思う。

6　懐かしさに癒される銭湯―京都「石川湯、泉涌寺湯《せんにゅうじ》」

入り口にかけられた大きな文字の〝ゆ〟と書かれたのれんをくぐると、木製の下駄ばこと脱衣ばこ。高い天井のひろいホール、脱衣所、脱衣かご、大きな湯ぶねなど、懐かしい銭湯内部の雰囲気がそのままのこされている。お年寄りは若いころを思いだし、心地よい居場所と感じるのであろう。

京都市上京区西陣のデイサービスセンター「石川湯」は昭和初期開業の銭湯である。水上勉さんの「五番町夕霧楼」のイメージにもなった、かつての遊郭の真ん中にある。二〇〇二年六月デイサービスに改修された。設計を担当した京都在住の建築家・蔵田力さんに案内してもらった。

平均八五歳という利用者は、ここにくると、京都弁で〝ほっこりする〟と評判が良い。八二歳の小柄な元芸子さんは「週二回来るのが楽しみ」と笑顔を見せた。ここに番台があった、などと

京都・西陣のデイサービス「石川湯」入口

「石川湯」でくつろぐお年寄りたち

昔懐かしい「泉湧寺湯」の浴室

男性が解説してくれた。一年前に赴任した二代目の施設長、竹井志織さんも「最初来たとき、初めて来た感じがしなかった。建物の雰囲気と利用者が身近かに感じられる」といわれる。

同じく東山区にある天皇家の菩提寺・泉涌寺《せんにゅうじ》そばの「泉涌寺湯」も二〇〇三年四月にデイサービスセンターに生まれ変わった。

両方とも人気の理由は「元銭湯」であること。むろんどこのデイサービスにも浴室はある。だが、銭湯のひろびろしたタイル張りの大きな湯ぶねは格別のようで、身も心もほぐれる。

「〝元銭湯〟これがここの売りです。施設に行くのでなく通いなれた風呂屋へ行く感覚でこられる。朝起きて行く場所があることがとてもよい」と、泉涌寺湯の介護福祉士・皆川文子さんはいわれる。

両施設とも他のデイサービスから移ってくる人もいるほど評判が良い。私にはその気持ちがよくわかる。

お年寄りの多くは、住み慣れたまちに住みつづけることを望んでいる。では、それを支える居住福祉資源とは何か。「通いなれた、懐かしい人にも会える」銭湯はそのひとつであろう。慣れ親しんだ「銭湯」は、お年寄りの願いにこたえる身近かな憩いの場、「居住福祉コミュニテイ」となっている。

7　人生をとりもどす住居—大阪・釜ヶ崎「サポーティブハウス」

大阪あいりん地区（釜ヶ崎）は日本最大の日雇労働者の町である。二〇〇〇年九月、地元の簡易宿泊所（簡宿）のオーナー六人は「サポーティブハウス連絡協議会」を結成。七棟の簡宿を専任スタッフが入居者の日常生活をサポートする賃貸アパート（サポーテイブハウス）に転換し、組織もＮＰＯ法人化した。

三畳ほどの個室、共同のリビングと浴室。そこに高齢者を中心にした元野宿者約六五〇人が住居を定め生活保護を受けて暮らす。各ハウスとも六、七人の相談員などスタッフが入居者の日常

シニアハウス「陽だまり」（左）と「陽だまりII」（右）

生活を支えている。

居住者の言葉に私は感動した。「夜安心して眠れるようになりました。野宿ではいつ襲われるかわからないので、昼寝て夜起きていました」。

私は今まで住居の研究をしてきたが、安心できる住居（居室）は雨風、寒暑、暴力などから身を守る基本的シェルターであり、人間生存の根源であることを再認識させられた。野宿あるいは飯場から飯場へとわたる彼らは、結核、肝臓疾患、糖尿病、高血圧など健康破壊もひどい。教育も福祉も医療も

くつろぐ「陽だまり」の入居者

受けられず社会的排除の極致にいる。

だが、釜ケ崎にひとつの光が射した。安眠、入浴、モーニングコーヒー、配食弁当、通院・食後の服薬支援、安否確認、憩い、年二回の市民検診、一回の結核検診など、住居とサポートを得た彼らは人生と生活の復興を遂げつつある。

健康と自己をとりもどした人々は、地域の公園や保育園の清掃、違法看板の撤去、デイサービス送迎バスの洗車などボランテイア活動に参加するようになった。

NPO代表で「シニアハウス陽だまり」オーナーの宮地泰子さんは語る。「野宿のときは町を汚していた彼らが今はそれを片付けています。住居の安定があって初めて自己をとり戻すことができるのです。住居が定まることで、九八歳の母、兄妹と再会できた人もいます」。野宿から脱出しようとする身寄りのない独居高齢男性にとって、人間らしく住むための住居の確保と生活支援は、「人権回復と人間復興」の出発点になった。

新しい問題が出てきた。定住は今まで「旅人感覚」（宮地さんの言）だった元野宿者の暮らしを変える。生活とともに衣類、家具など部屋の中に荷物がふえる。三畳では狭すぎる。高齢者にとって共同トイレはゆっくり使えない。引き戸が欲しい。バリアフリーを充実してほしい。野宿時代は借金しても姿

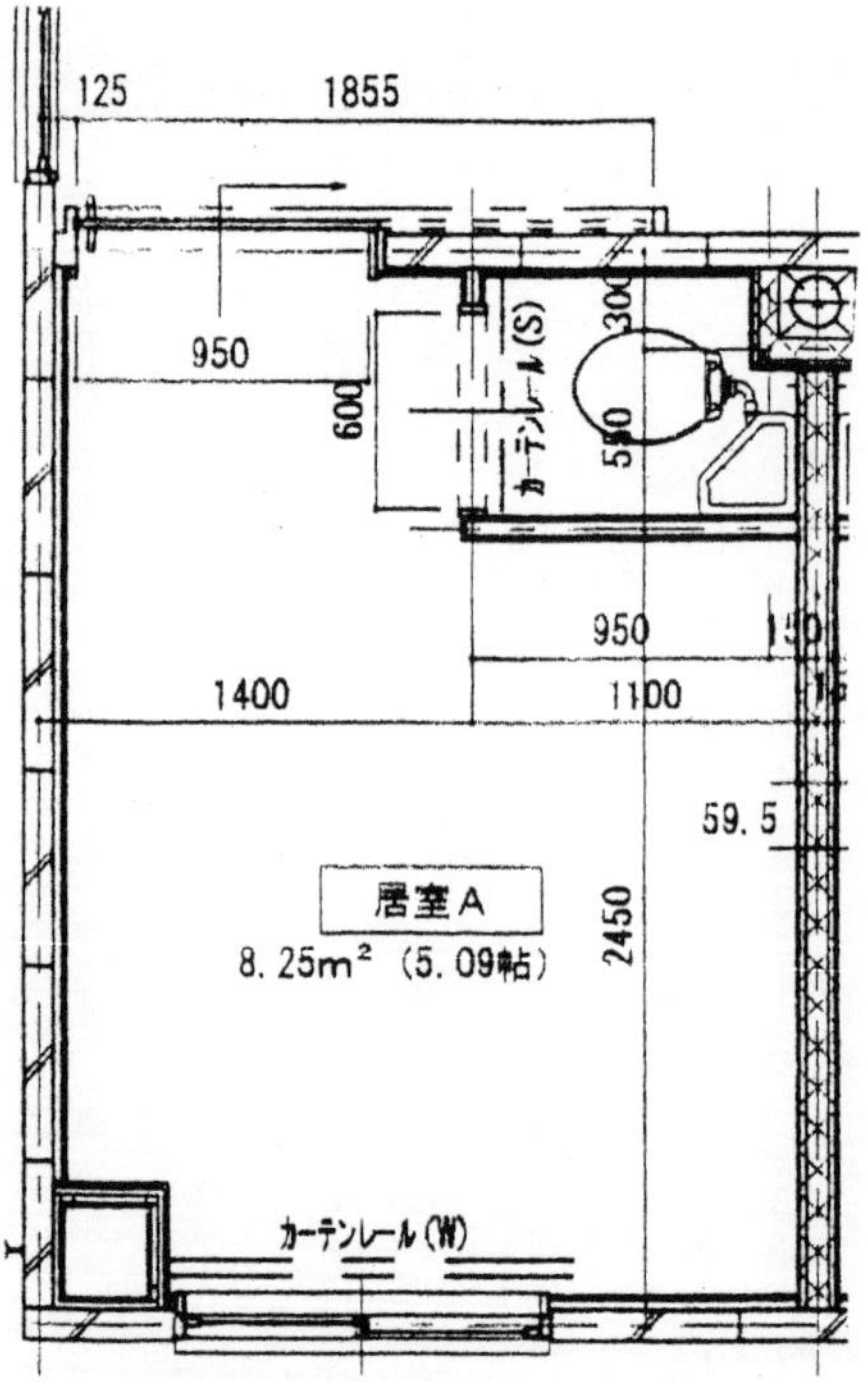

陽だまりIIは人間の基本的欲求を満たす安眠とトイレを提供

を消せばよいが、定住では逃げ隠れできない。生活態度が変わらざるをえない。

二〇〇五年一〇月末、六階建四五室の「陽だまりII」が隣に誕生した。約五畳の居室、専用の洋式トイレ、ゆったりした廊下、完全なバリアフリー化。元野宿者の「定住」は、人間として生き生活する上での住居の役割について、根源的なことを教えてくれている。

8　家族のぬくもりをとりもどす―新潟「うちの実家」・坂戸「元気な亀さん」

新潟市内の住宅地に「うちの実家」という表札のかかった家がある。だれでもよい。高齢者、乳幼児を抱えた若い母親、中年夫婦、障害のある青年など、年齢、性別に関係なく受け入れる。人と会い、話をし、一緒に食事をする。みんな実家に帰ったようにくつろいでいる。私が訪問中、「うわさを聞いた」と二人の若い女性が訪ねてきた。

平日と第四日曜日にオープン。会費は年二〇〇〇円で参加費は一日三〇〇円、食費は別に三〇〇円。宿泊もでき、新潟県中越地震では高齢の被災者に宿を提供した。

「実家」は代表の河田珪子さんが二〇〇四年四月に開設した。今は失われてしまった世代間の交流、気兼ねのいらない居場所、自由な近所付き合いのできるコミュニティの復活を目指している。

「うちの実家」の主宰者河田珪子さん

住宅地の中の「うちの実家」

みんなでくつろぐ

河田さんらスタッフの理念と人柄、こまやかな配慮が「実家」の雰囲気をつくっている。幼児をあやす高齢者の和やかな表情が印象に残る（表紙及び二の扉写真）。

今ではこんな「家族」の風景は少なくなった。だから人は、安心のできる、心の安らぐ居場所をもとめてやって来るのである。

埼玉県坂戸市の福祉施設「元気な亀さん」には、障害の有無に関係なく、高齢者から幼児まで幅ひろい年齢層の人たちが同居する。休養、通所、居住、ホームヘルプなどを自主事業で行っている。昼間はデイケアで通所する人や子どもたちが訪れ賑やかである。地域との交流も密である。滝本信吉・静子夫妻が一九八六年に始めた。

「元気な亀さん」の入口

年寄りから幼児までが「交流」している

「二〇〇五年までに四〇人以上の入所者がここで天寿をまっとうしました。子どもは亡くなったお年寄りの顔をなでてあげるなどして、最後は一緒にお別れしました。お母さん方は『亀さんに行くとやさしい子に育つ』と幼児をつれて来ます」。

コミュニテイがあること、高齢、障害者がまわりにいること、それが心のゆとりややさしさや思いやりを育む。いじめ、家庭内・校内暴力、犯罪など子どもの心の荒廃は、身のまわりに高齢者、障害者、病を持つ人がいないからでは、と私は考える。戦後の居住地づくりは、人間の心を養う役割を見落としてきたのでないか。

9　街の中のトイレ―秋田県鷹巣町「げんきワールド」

町にトイレがないと高齢者は外に出にくい。住民がよく知っている場所に、安全で衛生的で快適なトイレがあれば、お年寄りはもっと外出しやすくなるのでないか。

秋田県・JR鷹の巣駅の近くにひろびろとした談話室「げんきワールド」がある。元衣料店の空き店舗を改装し二〇〇一年に開設された。散歩や買いものの帰りに立ち寄り新聞を見る人や、列車の待ち時間に使う人のほか読書や勉強する小、中、高校生がいる。和室ではお年寄りがくつ

鷹巣町「げんきワールド」の待合室（上・下）

「げんきワールド」のトイレ

ろいでいる。行政の福祉相談窓口もある。

この談話室の特徴は、大きく立派な車いす用トイレがあること。おしめ替えの台やベビーカーに乗るような小さな子どものための便器もある。

この地域に四ヵ所あるデイサービスに通う高齢者たちは、これまで買い物などにバスで出かけるときは他の地域に行っていた。街の中心に、使いやすい公共のトイレがなかったからである。それが改善され、人びとが集まるようになった。高齢者、車いすの人も散歩のときに立ち寄る。認知症のグループホームの人たちもここで休む。

談話室は住民による「福祉のまちづくり懇話会」のアイデアがもととなり、厚生労働省の介護予防拠点整備事業を利用してつくられた。地域の人の写真展を開くなど多目的に利用されている。商店

商店街の中心にある鷹巣町の訪問看護支援センター

街には「訪問看護支援センター」もあり、買い物のついでに立ち寄って相談できる。

〝げんきワールド〟は一日七〇人前後が訪れる街のリビング、商店街の憩いの場となっている。

〝おばあちゃんの原宿〟として有名な巣鴨地蔵通り商店街振興組合の木崎茂雄理事長によれば、商店街の一九〇店舗のうち約六割の店ではトイレを自由に使えるという。このことが、一日数万人という中高年の買い物客の外出を支えている。

岡山県では、三〇六の交番・駐在所のうち、七一ヵ所（二〇〇五年三月末）に市民が自由に使える車いす用トイレがあり、今も増え続けている。

バリアフリーも必要だが、トイレはもっと切実な問題ではないか、と私は思う。

岡山県の駐在所と市民が自由に使えるトイレ

10 「高齢者にやさしい商店街」松江市天神町

江戸時代の大通りは米屋、産地直売の八百屋、古着屋、髪結床、湯屋、本屋、寺子屋、社寺などが並び、裏長屋には職人、物売り、浪人などが住んでいた。

表通りの繁栄は、

①暮らしを支えるあらゆる業種が存在し生活文化が展開されたこと。

②裏通りの長屋は高密度の居住地であったこと、が大きな理由と考えられる。

このことは、現代の商店街再生のヒントになるのではないか、商店街復活は居住福祉空間としての再生を視野に入れることで可能になるのではないか、と思う。

一時期、さびれる一方だった松江市の天神町商店街の周辺には、独居の高齢者が多かった。「お年寄りがゆっくり買いものできる天神にしたい」と、老舗のお茶屋の社長・中村寿男さんを先頭に四〇余軒の店主が動いた。空き店舗を改装して通行者が自由に休める「ふれあいプラザ」、バス停前にはマッサージ室もある待合所で交流館「いっぷく亭」をつくり、いつも老人のボランティアがいて、話し相手やお茶の接待をする。行政は施設に福祉の予算を使って支援した。宮岡寿雄市長（元神戸市助役）の商店街再生にかける熱意が大きかったと中村さんはいう。

松江市「天神町」のバス停と休憩をかねた待合所「いっぷく亭」

白潟天満宮境内の天神像

商店街の一隅にある白潟天満宮は「学問の神様」。「ぼけ封じ」にもなるはず、と境内に菅原道真の幼児期の像「おかげ天神」を安置したところ、高齢者などがお参りし、買い物客もふえた。毎月二五日は歩行者天国、フリーマーケットなどの天神市で賑わう。

二〇〇五年四月、精神障害者によるパンや菓子などの製造販売、レストランのある社会復帰施設とクリニックができた。島根大学の公開講座、小中高生らの物品販売体験と高齢・障害者との交流などは、世代を越えた社会勉強、人間教育になっている。さらに通りには一階に医院や店舗、低層階に市営の高齢者用住宅、上層に民間住宅計四二戸が入る七階建ての集合住宅ができる。天神商店街は江戸の大通りを目指しているかのようだ。

毎月25日は天神市の日

新しくクリニックもできた

11 「ご近所型福祉」―米子「田園プロジェクト」

鳥取県米子市の「笑い通り商店街」は、空き店舗の元喫茶「田園」を改装し、いつでも気楽に通える身近かなデイサービス、地域交流センター、相談所、喫茶店など小規模多機能の商業・福祉施設に活用するなどの「田園プロジェクト」にとりくんでいる。商店街は「徘徊ロード」にするほか、買い物の代行など、高齢者・障害者が住み暮らせる「ご近所型福祉」を目指している。近くには障害者が運営する配食、自然食品の店、共同作業所などがある。

全国各地で、若者は郊外に住み、大手スーパーが進出し、街なかの小売商店はシャッター街に追い込まれている。老人ホームなどの福祉施設も郊外へ。郊外の大型店やデイサービスは、高齢者が好きなときに自由に出かけられない。「高齢者が取り残される街の中の少子高齢化」が進み、生活不便と寂しさと生活不安を強いられている。

街の中の小売店や市場や各種の福祉施設は、身近かで買い物ができる、日常的に住民の生活にとけこみ、おしゃべりや相談、助け合い、憩い、人びとの交流、生活情報の交換の場になり、各種の福祉サービスが暮らしを支えてくれる。その復興は、福祉と商店街の活性化と町の再生をかねた〝一石三鳥の街づくり〟である。

米子のまち直し「田園プロジェクト」
の拠点は元喫茶店

来訪者のいこいの場「笑《わら》い庵《あん》」

まちの活性化には地蔵尊も一役

介護保険などによる福祉サービスの充実も必要だが、まず住み慣れた街と住居に安心して暮らせるようにすることが福祉の基本ではないかと思う。現在の住宅・福祉政策、まちづくり行政にはそれが置き去りにされているのではないか。

街の中にもっと人が住めるようにすることが何よりも大切である。歩いたり自転車で行動できる範囲に何でもある。近くに良い学校がある。歴史・文化・自然のゆたかな環境に住むことは子どもの情操を育む。そのメリットへの理解や関連行事などが進めば、若者も住みたくなる魅力ある街がもどってこよう。多様な芸術文化活動の拠点がある。「居住福祉資源」の再評価と創造の必要性はここにもある。そのためにも街の中の小規模公営住宅の建設や空き店舗を住宅に替えて借りあげるなどの事業を、行政はもっと支援すべきだろう。

それが本当の自治体の存在意義である。米子の人たちのとりくみは、現代社会悪への挑戦――「世直し事業」の提起といえるかもしれない。

12　「音のカーナビ」のまち―群馬県草津・栗生楽泉園《くりゅうらくせんえん》

「栗生楽泉園」は群馬県・草津温泉の山間にある。一九三二年に開設された大規模なハンセン病国立療養所である。約七三万平方メートルの敷地に二三七棟の建物がある。一時期は一三〇〇人以上が入園していたが、亡くなる人も多く二〇〇五年現在、約二二〇人余になった。在所期間三〇年以上約九五％、平均在所年数約五四年（二〇〇四年現在）。

ハンセン病は主に皮膚と末梢神経が侵される病で、視覚障害になる人も多い。視力障害一級四七名（同年）。だが、松沢清之・盲人会会長は「この楽泉園内では全盲の人も健常者以上のスピードで自由に動きまわれます」という。

園内の道路交差点に赤外線センサー付きオルゴール「盲導鈴」が五〇ヵ所あり、午前六時から午後七時まで童謡を流し、夕方タイマーでとまる。地区、場所、季節で曲はちがい、なじみの「雪やこんこん」「雀の学校」「焚き火」などなどが聞こえる。

さらに、すべての住棟、病棟など七〇ヵ所に「音声表示器」があり、人が近づくと「西一号棟角です」などとアナウンスする。「盲導鈴の曲と街が頭に入っているので、今どこを通っているかわかり、音声表示器でまたわかります」と松沢さん。

しかし、ここに至るにはさまざまな苦心があった。私は、盲人会の人たちの失敗談や苦心話に聞き入った。

最初は道にそって針金の「盲導線」を張りめぐらした。空き缶をつるし、線を伝って移動する

ハンセン病療養所「栗生楽泉園」の俯瞰（同園リーフレットより）

盲導鈴が目の不自由な居住者の道標になる

居住棟の盲導鈴

日本居住福祉学会研究集会後現地視察する参加者（2003.3）

際のガランガランという音に導かれて歩いた。鉄パイプの盲人保護柵を立て、つえでたたきながら歩いた。

一九五二年貞明皇后の多額の遺金を受けて京都から盲導鈴七基を買い入れ園内にとりつけた。朝夕の点滅を近所の人に頼んだが、点滅を忘れて夜通し鳴ったり、うるさいと止める「晴眼者」もいる。

その他、さまざまな悪戦苦闘を経て、現在の楽泉園は「音のカーナビ」の街になった。

普通の街でも、目の不自由な人たちや視力の弱った高齢者はさまざまな音を頼りに動いている。聞き慣れた地域独特の人の声やもの音、近所の店の音、ざわめき、電車や車、スピーカーの音、鳥の声や水音や風の音、鐘の音など。そしてわずかな光や風向き、匂いなどに導かれて人は移動する。

長年つづいてきた町並みが、都市再開発で変容したり災害で壊され音環境が一変すると、こうした人々は動けなくなる。音を視覚障害者のために積極的に利用した楽泉園の試みは、高齢社会の街のあり方を先取りしている。

三、公共・公益施設

鳥取県智頭郵便局の「ひまわりサービス」（朝日新聞社提供）

郵便局、交番、鉄道、駅、船などの公共・公益施設、交通・輸送機関も福祉資源として見直してみると、大きな役割を果たしていることがわかる。

13　無人駅に集う高齢者たち―鳥取県・八橋《やばせ》駅

鳥取県の山陰線・八橋駅のホームに降り立つと、目の前に瀟洒《しょうしゃ》な三角屋根の建物が目に入る。町がＪＲから無人駅舎を譲り受け、高齢者の憩いの場として改築した「ふれあいセンター」である。

鉄道「駅」は地域社会の核として住民の認知度は抜群で、親しみがあり通いやすい。顔見知りの乗降客が声を掛けていく。高齢者がまちの日常生活にとけこみ社会から孤立していないところがよい。ほとんどが八〇～九〇歳代。全員自分で歩いて通って来る。強い雨の日でも休むことはない。おやつを食べ、手芸品をつくり部屋にかざる。昼食は家が近いので食べに帰る人が多い。

二〇〇三年一月に初めてお訪ねし、その後計五、六回訪問している。「なんでこんなところに来られるのですか」とはじめは物好きさにけげんな面持ちであった人たちも、今はすっかり顔なじみになった。とりわけ世話好きの米田節子さんは九〇歳過ぎの今も毎日日記をつけ、すべて記憶

山陰線無人駅「八橋駅」を改築した「ふれあいセンター」

くつろぐお年寄りたち、左端が米田節子さん

されている。米田さんは家が近いので鍵を預かり毎朝開け閉めしている。自主管理である。

みんな元気そうで生き生きしている。デイサービスには行かないのですか、と聞くと「ここは町の人ばかりで姉妹以上のつきあいです。すべてが自由で好きなことができる。ここにいると一年一年若くなる。自分でふろに入れなくなったら行く。それまではここがよい」と、めいめいが語る。

駅舎は列車の乗降場所というだけでなく、雨宿り、暖房、待ち合わせ、新聞や飲食物の購入、トイレや電話の利用など

「ふれあいセンター」からプラットホームへ

さまざまの役割を果たす居住福祉資源でもある。

それゆえ、地域社会で親しまれてきた駅舎は、閉鎖後も地域で生きつづけている。出雲大社（鳥取県大社町）の玄関口、旧JR大社駅は九〇年三月末、大社線の廃止と同時に閉鎖された。廃線後、街づくりに活用したいと町がJRから譲り受けた。駅舎は、のみの市や展覧会などの市民行事に使われている。縁結びの神で知られる出雲大社にあやかって、町民グループが男女の出会いイベントを開催したこともある。神殿風の木造駅舎は、九七年三月、県有形文化財に指定された。

岡山県旧片山鉄道・天瀬《あませ》駅はサイクリング道路のオアシスとして利用されている。

鉄道路線が赤字を理由に次々と廃止され、駅舎は廃墟になったりとり壊されている。代替交通と

保存し市民に活用されている旧大社線・大社駅舎

してのバス停は標識一本ということが多い。駅舎は暮らしを支える居住福祉資源としての認識が必要である。

駅は心の故郷でもある。思い出の多い駅が近づくと、胸がいっぱいになる人もいるだろう。廃線になった北海道の旧天北線・松音知《まつねしり》駅を訪れた。駅舎は平岡元駅長によって保全されていた。駅のノートに札幌のAさんがメッセージを寄せていた。

今日は両親の元を離れて紋別に嫁ぐため、母の生まれた場所に来ました。こうして昔を懐かしむ場所が残っているのはとても良いことだと思いました。母の実家も廃屋となりもう形はありません。そのためにも、この駅を残して下さ

太社駅舎の内部

い。（二〇〇〇・九・一）

浅田次郎『鉄道員ぽっぽや』（集英社）は高倉健主演の映画にもなって評判を呼んだが、駅舎がドラマの舞台となると同時に、地域社会で果たしている役割が語られる。

幌舞駅は大正時代に造られたままの、立派な造作である。広い待合室の天井は高く、飴色の太い梁が何本も渡されていて、三角の天窓にはロマンチックなステンドグラスまで嵌まっていた。ベンチはどれも黒光りのする年代物だ。せめてこの駅舎だけは保存できないものかと仙次は思った。しじまの中に、気動車の警笛が鳴った。

「お待ちどおさん——なあ、見てけらっしょ。とうとうだるま屋も閉めちまった」

雪の匂いを背負って駅舎に入ると、乙松は手旗を巻ながら駅前を示した。

「あれえ、ほんとだ。ばあさんどうしたの」

一軒だけ頑張っていた駅前のよろず屋は、軒を傾がせたまま灯を消していた。

「伜が美寄にマンションを買ったって。七十すぎのばあさまをまさか引き止めるわけにもいかないしょ。さて、こうなるとここにも煙草と新聞ぐらいは置かねばならんね」

「よせよせ、乙さん。一人で切符売って、掃除して、保線までしてよお、そのうえキヨスクまでやることはなかんべ」

「したって、まだ幌舞にも百軒からの家はあるもんね。みんなじいとばばあばかりだけど、新聞ぐらいは読みたかろう」

14 ローカル線・路面電車の福祉機能―千葉県「いすみ鉄道」・広島電鉄他

房総半島を横断する「いすみ鉄道」に乗った。JR外房線大原駅で乗り換えると、終点の上総中野駅まで二六・八キロ。一三の駅を約五〇分かけて走る。

四季の車窓は菜の花、桜、れんげ、紫陽花《あじさい》、紅葉などで彩られ、近くには養老渓谷温泉があり、観光客も多い。地域の中心は小江戸といわれる城下町・大多喜で、役場がある。

朝の車内は藩校以来の歴史を持つ大多喜高校に通う生徒で満員。折り返し点の上総中野駅からは、小学生が乗り隣の西畑駅で降りる。駅前に小学校のグランドが広がる。

駅に止まるごとに中高年者が次々と乗ってくる。今日は夷隅《いすみ》神社境内で市が開かれる(五と一〇の)日。生鮮食料品などが市価より安く新鮮で人気がある。電車で神社近くの病院への通院をかね

いすみ鉄道の乗客は通学、買い物、通院などが中心（上：７時台、下：８時台）

いすみ神社での市には、通院などをかねて他の町から来る人も多い

て買い物に来る人が多い。

いすみ鉄道は国鉄時代は木原線といい、一九八〇年代には廃線の危機に直面した。だが、「くらしと教育、文化を守ろう」と、地元の老人クラブ、教員組合、商工会など五〇団体で「木原線を守る会」を結成、存続運動をくりひろげた。努力が実り第三セクターとして生き残った。

二〇〇四年度の一日平均乗車人数は一二五七人。そのうち通学利用八八二人、通院・買い物など二八五人、通勤三五人、その他は観光などで、圧倒的に生活利用である（いすみ鉄道資料）。

列車は客席が多くゆれが少なく座椅子は安定してひろい。一般にトイレがある。発着時刻が正確である。高齢者、障害者、乳幼児、妊婦、病弱者等々が近隣の駅まで通院や買い物したり、園児や

広島市内を走る広島電鉄の超低床路面電車

小中高校生が通園・通学するなど、地域の人たちにとって、日常の生活を支える貴重な居住福祉資源としての役割を果たしている。

バスは収容人数が少なく、トイレがなく、ゆれて乗り心地もよくない。高齢者などが通院などに利用するには不便だ。発着時刻も道路事情や天候に左右されて正確でない。雨風のなかのポール一本のバス停で待ったり、人と待ち合わせするわけにもいかない。路線が廃止されたり、特急・急行列車がふえて普通列車の本数がへると、ローカル線の居住福祉資源としての役割は失われる。

路面電車もまた、市民の足として生活を支えている。戦後の車社会の急速な拡大とともに多くの都市で路面電車が撤去されたが、広島、高知、長崎、熊本など一七都市では民間の電鉄会社などが現在も運営している。約一〇都市では、車いすでもスムーズに乗降できる超低床車を最初はドイツから、今は国産の車両を導入している。最も超低床車が多いのは広島電鉄で、二〇〇一年八月には軌道敷内への自動車の乗り入れも全面的に禁止するなど、路面電車の活用に熱心である。

全国各地のローカル線や路面電車は、沿線住民の通学、通院、買い物など暮らしを支えている。座席が多くゆれが少なく、子どもや高齢者に安心感を与える。

現在、建物や道路の段差解消などのバリアフリー化が福祉のまちづくりとして取り組まれているが、高齢者や障害者、乳母車、車いす、体力が弱っている人たちなどにとって、路面電車は街に出る足であり身近な福祉資源である。それがなくなったら外出が不便になる。鉄道や路面電車の福祉資源としての役割にもっと目を向けるべきだろう。

暮らしを支える普通列車は社会保障や福祉政策の一環として位置づけるべきではないか。

15 「ひまわりサービス」―過疎地の高齢者を支える郵便局

一九九五年四月に鳥取県智頭町で生まれた郵便局の「ひまわりサービス」は、過疎地の七〇歳以上の高齢者世帯に福祉サービスを運ぶ在宅生活サポートシステムである。配達員が家にたち寄

鳥取県智頭郵便局で始まったひまわりサービス（朝日新聞社提供）

り、郵便物の集荷サービス、病院の薬、年金、生活用品の注文を受けて配達、小学生からの定期的なメッセージを届ける。郵便局、市町村の役場、病院、農協、社会福祉協議会などが協力し、二〇〇四年三月現在、二一〇市町村で実施している。郵便屋は毎日まわってくる。そして、孤独になりがちな年寄りに声をかける。

河村久代さんは七四歳、子供が大阪に出ていってからもう三五年の一人暮らし。町の中心まで買い物や病院に出かけるには、朝八時のバスに乗らねばならない。帰りのバスは、午後二時までない。ついついタクシーを使うことが多くなる。冬になると、もっと大変だ。二月の積雪は、約六〇センチから一メートル。バス道路は除雪されても、自宅の周囲やバスを降りて雪道を歩くのは、骨身にこたえる。そんな河村さんに、毎日の楽しみができた。毎日やってくる郵便屋さん、橋本さんのオートバイの音だ。〝河村さん、元気か。どうしょりんさる〟

「アッ、郵便屋さんが来てござれたわ」

今日は病院で取ってきてほしい薬があったので、郵便受けに黄色い旗を立てておいた。橋本さんは、河村さんの薬の注文はがきを町役場の福祉課に、福祉課は病院に連絡して、薬は再び郵便屋さんの橋本さんによって、河村さんに届けられる。

宮本ひで子さんは七五歳で独居。今日は年金の現況届けを提出してもらうために、黄色の旗を立ててた。役場まで足を運ばなくても、郵便屋の白岩さんが役場に届けてくれ、役場は証明書を発行し、社会保険庁に郵送する。白岩さんは、台所の電球が切れたとき、遠くの電器店まで買いに行ってくれたこともある。

「今までは、ただ郵便局に勤めていればいいと思っていたのですが、智頭の局に転勤して来て那智の局長に出会い、いろいろな施策に関わり、地域での活動をすることになり良かったと思っています」（日本・地域と科学の出会い館編『ひまわりシステムのまちづくり』一九九七年）。

このシステムは郵政省で採用され、今は全国に普及している。『日本の郵便局』（総務省郵政企画管理局）には、「地域社会への貢献」としてこう書かれている。

「窓口ロビーの活用―全国各地の郵便局では、会議室を地域の皆さまの会合や打ち合わせに提供したり、窓口ロビーにおいて地域の文化展を開催するなど、郵便局が地域のコミュニテイセンターとして役割を果たすように努めています」。

「地方自治体との間に防災協定を結び、災害時における施設及び用地の避難場所、物資集積場所としての相互提供、避難先や被災状況情報の相互提供を行っています。また、郵便局では、災害救助法適用時において郵便・貯金・保険の災害特別事務取り扱い及び救援施策を実施するほか、避難所への臨時郵便差出箱の設置を行います。平成一三年八月末現在で、二五二一市区町村で実施しています」。

「郵便局の外務職員のフットワークを活用し、郵便集配途中で発見した道路、橋、トンネル、ガードレール、カーブミラー、道路案内表示板等の損傷状況及び街路樹による見通しの阻害といった情報を、地方自治体や警察へ提供し、地域住民の安全に寄与しています。平成一三年八月現在、二七一三市区町村で実施しています」。

近代郵便制度は、明治期の官僚で政治家でもあった前島密《ひそか》が創設したもので、一八七三年郵便事業の政府専掌・全国均一料金制を確立した。義務教育制度などとともに、国民福祉を支える日本近代化制度の一環であった。

■ひまわりサービス実施自治体

（2004年３月末現在、日本郵政公社『郵便2004』より）

支社等	都道府県	実施自治体
北海道(12)	北海道	忠類村　標茶町　黒松内町　朝日町　大滝村　浜益村　南茅部町　幌加内町　沼田町　奥尻町　泊村　美深町
東　北(25)	宮城	一迫町
	秋田	二ツ井町　峰浜村　小坂町　八森町　雄物川町　阿仁町
	福島	大越町　熱塩加納村　田島町　会津高田町
	青森	田子町　三厩村　碇ヶ関村　市浦村　平舘村　小泊村　十和田湖町
	岩手	花泉町　山形村　大東町　葛巻町　藤沢町
	山形	平田町　温海町
関　東(15)	埼玉	両神村　大滝村　神泉村
	茨城	里美村　七会村　山方町　緒川村
	群馬	倉渕村　小野上村　利根村
	千葉	和田町　白浜町　富浦町
	栃木	足尾町　馬頭町
南関東(６)	山梨	三富村　早川町　芦川村　上九一色村　大和村　丹波山村
東京(２)	東京	青ヶ島村　三宅村
信　越(20)	新潟	松之山町　安塚町　能生町　川口町　入広瀬村　山古志村　栃尾市　守門村　佐渡市
	長野	和田村　生坂村　楢川村　中川村　上村　栄村　八坂村　天龍村　小海町　上松町　長谷村
北　陸(７)	富山	平村
	石川	中島町　能登島町　門前町　柳田村
	福井	名田庄村　河野村
東　海(23)	岐阜	高根村　坂内村　洞戸村　春日村　上之保村　板取村　丹生川村　上宝村　久瀬村　藤橋村
	静岡	中川根町　龍山村　本川根町　由比町　佐久間町
	愛知	下山村　旭町　足助町
	三重	南勢町　南島町　紀和町　飯高町　宮川村
近　畿(17)	滋賀	朽木村
	京都	美山町
	兵庫	温泉町　竹野町　村岡町　千種町
	奈良	曽爾村　西吉野村　室生村
	和歌山	美山村　すさみ町　北山村　本宮町　花園村　金屋町　清水町　日置川町
中　国(14)	鳥取	智頭町　江府町
	島根	佐田町　匹見町　石見町　金城町、頓原町
	岡山	美星町　中央町　勝山町　作東町
	広島	大朝町　作木村
	山口	豊田町

支社等	都道府県	実施自治体
四　国(20)	高知	本川村　大正町　大川村　十和村　三原村　仁淀村　物部村
	徳島	上勝町　木屋平村　由岐町　佐那河内村　木沢村
	愛媛	内海村　関前村　面河村　美川村　肱川町　瀬戸町　中山町　城川町
九　州(46)	福岡	上陽町　黒木町　矢部村　星野村　庄内町
	佐賀	脊振村　有明町　多久市　呼子町
	長崎	奈良尾町　北有馬町　南有馬町　崎戸町　千々石町　新魚目町
	熊本	水上村　砥用町　中央町　産山村　天草町　五和町　小国町　球磨村　栖本町
	大分	武蔵町　山国町　竹田市　前津江村　豊後高田市　千歳村　安心院町
	宮崎	綾町　五ヶ瀬町　東郷町
	鹿児島	福山町　坊津町　宇検村　笠沙町　大浦町　鶴田町　龍郷町　東町　上甑村　霧島町　大崎町　徳之島町
沖縄(3)	沖縄	大宜味村　与那国町　多良間村
合　計	210市町村	

社会保障制度、保健医療福祉制度、郵政民営化などの論議では、これらの福祉的役割はどのように位置づけられるのだろうか。

16　福祉を配達するデイサービス船
「夢ウエル丸」―岡山県笠岡市

〝ひまわりサービス〟が陸の「生きた居住福祉資源」とするなら、デイサービス船〝夢ウエル丸〟は「海に生きる居住福祉資源」である。

日本には離島が多い。交通が不便で人口が少なく高齢者が多い。その福祉をどうするか。

瀬戸内海に面した岡山県笠岡市には大小七つの島がある。六五歳以上の高齢者の割合（高齢化率）は平均五四％（二〇〇五年）。一九九三年、ここに日本初のデイサービス船「夢ウエル丸」（九九トン）が就航

岡山県笠岡市のデイサービス船「夢ウエル丸」

「夢ウエル丸」を港で待つ離島のお年寄りたち

した。

リハビリ室、リフト式バス、身障者用トイレ、親睦交流室などを備え、生活指導員、看護師、寮母二名など介護スタッフ四人、船長、機関長、甲板長など計七名が乗る。月に二度の割合で各島を巡る。朝九時に笠岡港を出港。午前一〇時ごろに島に着き、午後二時まで港でデイサービス。島の高齢者は船に乗ると、まず体温・血圧測定。その後、個別の相談やリハビリ、散髪、入浴をする。勝手がわかっていて、電動いすなどの操作は自分でやる。交流室がある二階へは電動リフトで上がる。私も一緒に昼食をとりながら話がはずんだ。

―船の何がよいですか。

「食事しながらみんなと話するのが一番楽しい。月二回が楽しみです」。

―おふろに入られないのですか。

「帰ってまた畑仕事をするから、寝る前に入ります」。

―皆さん島育ちですか。

「そうですが、東京や大阪に出て年とってから帰ってきた人もいます」。

夢ウエル丸は、以前は高齢者と子どもを一緒に乗せて瀬戸内海クルーズなどもした。そのときの子どもたちのはしゃぎようや高齢者のうれしそうな様子は忘れられない、と担当者は語る。世

乗船するとすぐ血圧測定など

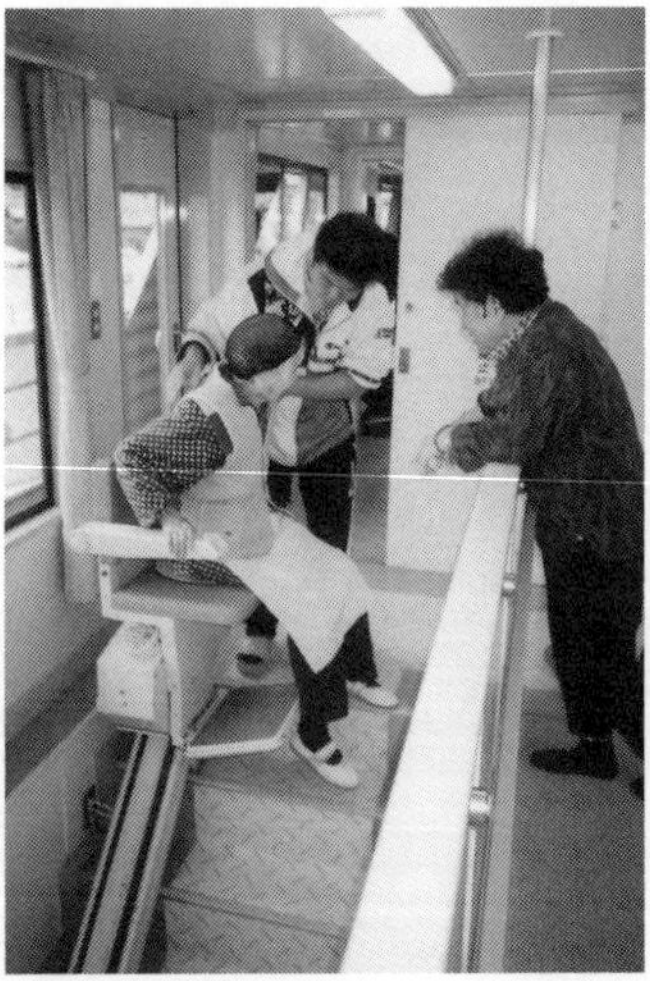

二階へは電動で

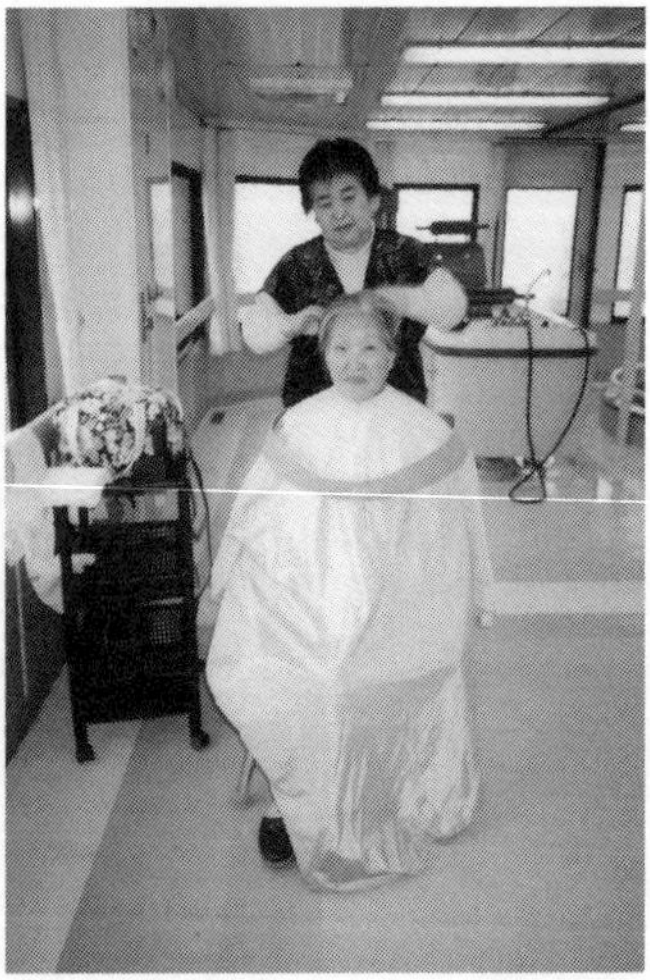

散髪する人も

代間の交流の必要性が強調されている現在、さまざまの課題にこたえる新しいタイプの〝福祉船〟が開発されたなら、日本だけでなく島の多い世界の国々の注目を浴びることにもなろう。

また、海に囲まれた日本。人口の密集した大都市はほとんどが海に面している。南海・東南海・関東大地震などが警告されている現在、被災は沿岸部に多いことが予想される。ふだんは島を巡って福祉サービスを行い、災害時には沿岸地域に集まり被災者救済に貢献する「福祉災害救助船」が、真剣に考えられてもよいのではないか。

私の勤める長崎総合科学大学は以前は長崎造船大学と称した。現在は全国で唯一の船舶工学科を有する大学である。そこでは「介護福祉船」（一九九総トン）の研究と提案が行われている。

（次頁参照）

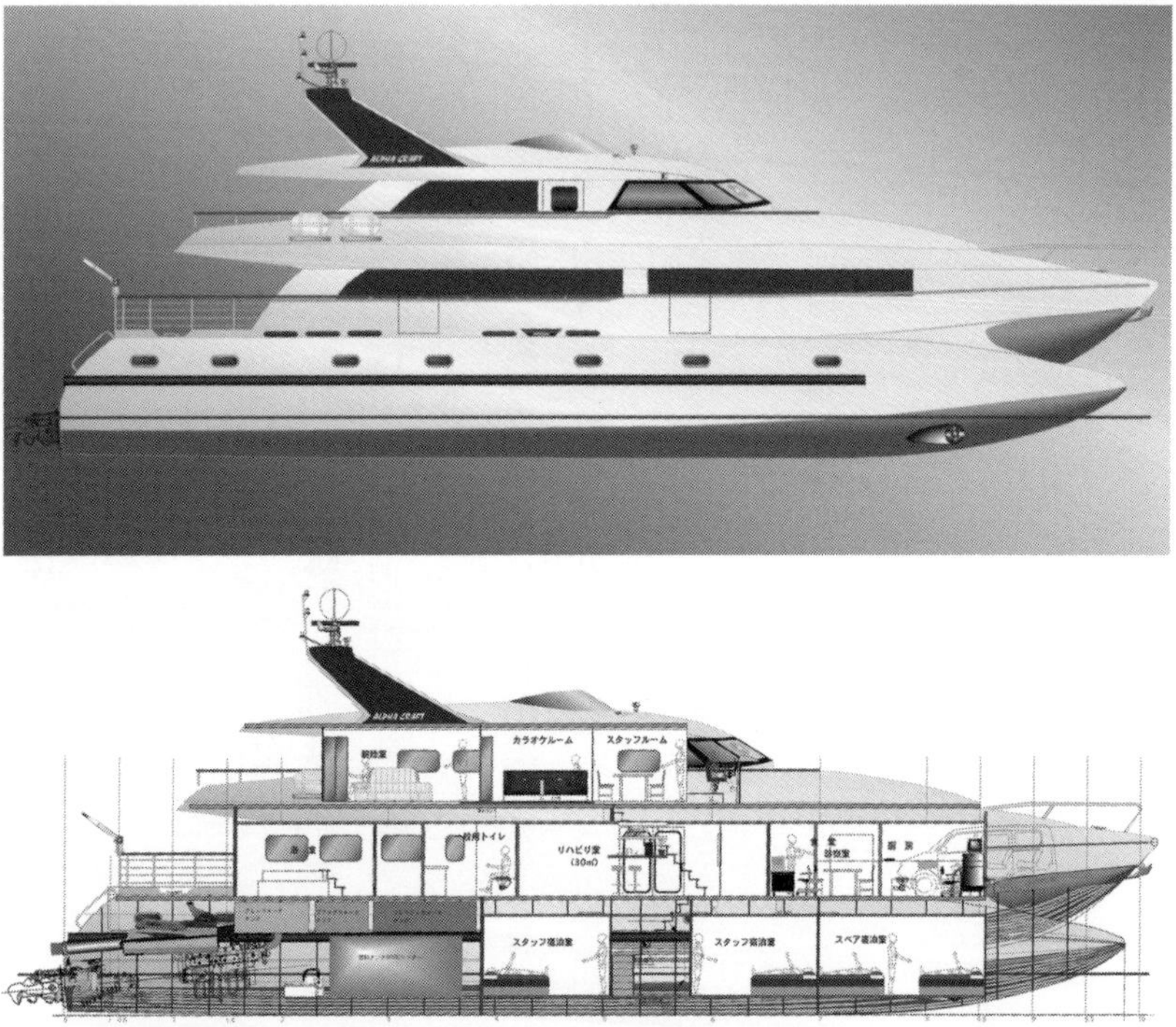

「介護福祉船」の構想。長崎総合科学大学・中尾浩一助教授作成

四、村と町を居住福祉空間にする

江戸川親水公園。子どもを眺めるお年寄り

17 「ニュータウンの再生」―大阪府・千里ニュータウン

日本のニュータウン第一号、大阪の千里ニュータウン（以下千里）を歩いた。一九六〇年代初期の入居から四〇余年を経た街は豊かな緑につつまれ、住民が空き店舗を喫茶や交流の「街角広場」に活用するなど、暮らしに根づいた良質の居住環境をつくっている。

ここに至るには行政、プランナー、建築家、住民などのさまざまの努力があった。住民が中心となった府営住宅の「一部屋増築運動」もそのひとつで、「もう一部屋あれば住みつづけられるのに」という居住者の働きかけで、七八―九一年度の間に千里で六一三三戸、府営住宅全体で約三万三〇〇〇戸の増築が実現した。

そして今は、ニュータウンに高齢化の波が襲っている。高齢化率は、大阪府の一七・五％（二〇〇四年一〇月）に対し千里は二五・六％（〇五年四月）である。

それで行政は、建物を高層化し余剰地に民間マンションを建て中若年層の入居を期待するという、人、建物の「再生」を目指している。

ニュータウンの中を歩くと、随所に巨大高層住宅に行き当たる。だが、既存の集合住宅を高層

大阪千里ニュータウンの一部屋増築

化するこの再生事業は、部屋がひろくなりエレベーターがついて便利になるが、家賃が大幅に上がり住みつづけられなくなる人がでる、樹木が切られ環境が悪化する、コミュニテイが壊れるなどの理由で反対運動も起きている。再生をどう考えるべきか。

高齢化への対応は社会全体の課題である。高齢化が進んでいるニュータウンであれば、むしろ現在及び将来必要になるであろう高齢社会の多様なニーズに応える居住福祉資源、居住福祉空間として位置づけ、評価・再生していくことが必要ではないだろうか。

数年前、英国・バーミンガム市の公営住宅団地を訪ねた。やはり高齢者が多い。一階に広いサロンが設けられていた。そこでは、みんなでクリスマスパーティの準備をしていた。三人の女性管理人が三交替で二四時間詰め、タクシーの手配、買い物への同行、医師への連絡などに当たっている。年をとってもここで住みたいという入居者が何人もいて、その手伝いをしている。他の老人ホームの人たちとも交流する。

日本の場合も、土地を切り売りして財源にするなど目先の効率でなく、長期の展望に立ち、現在及び将来の地域社会における貴重な居住福祉資源として活用することを考えるべきであろう。それはまた、次のようなさまざまな行政需要に応えることになっていくと思う。すなわちニュータウンの役割は、

千里ニュータウン内の住民による「街角広場」

①市場原理では住宅取得困難な中低所得層の居住福祉資源ストック。
②オープンスペース、緑陰として地域の居住環境形成への寄与。
③災害時の延焼防止、避難空間。大阪府の場合は、毎年募集している六千戸前後の府営住宅空家の被災者その他への提供。
④残された空地は、将来の技術革新や社会全体の生活様式の変化などのニーズによる土地利用の要請に応えうる。
⑤高齢社会の福祉資源として。例えば一階を利用した、グループホーム、デイサービス・配食・訪問介護・生活支援センター、ふれあいリビング、年をとっても働ける「高齢者共同作業所」などへの活用。建物新設の必要がなく、身近か

に「小規模多機能」空間が生まれる。ニュータウン居住者だけでなく、地域の高齢者の福祉拠点にもなる。大阪府ではすでにその一部が実現されている。

18 防災対策は日常の居住福祉政策にあり―「阪神大震災」の教訓

「平常心是道」とは禅の言葉である。仏の道は特別のものではなく、ふだんの心の持ち方にあることを説いた言葉だが、防災対策も同じだと思う。私が阪神・淡路大震災を体験して得た最大の教訓である。

地震による直接の犠牲者約五五〇〇人の九割は家屋の倒壊などによる。一割近くの焼死者も家が倒れなければ逃げられた。圧死や焼死、負傷した人は決して健康的とはいえない老朽、狭小、過密住宅に住んでいた人が少なくなく、死傷はその延長線上にあった。

助かった人も、暖房も夜具も十分ない真冬の体育館などで九〇〇人以上が亡くなる一方で、老人福祉施設に救出された高齢者はほとんどが助かった。施設には寮母や栄養士がいて、避難所ではのどを通らない硬いおにぎりは、かゆにして食べさせてもらえた。もともと福祉施設は心身の衰えたお年寄りの安息の場であり、震災時にお年寄りの生命を救うことは、その延長線上にあっ

阪神・淡路大震災の跡

た。

だがその福祉施設も最大の被災地・神戸市では震災時、一二の政令指定都市の中で最低水準で、かつほとんどが開発行政の一環として六甲山中にあり救済機能を十分発揮できなかった。障害者施設も同様であった。

公園は、日常は子どもの遊び場、老人や主婦の憩い、オープンスペースや緑陰として地域の居住環境に寄与し、火災のときは延焼防止空間となる。当時、市民一人当たり公園面積を主要都市でトップだと称した神戸市だったが、公園のほとんどはポートアイランド、西神ニュータウンなどの新規開発地などにあり、本来の市街地内の公園はわずかで、延焼を食い止められなかった。

新神戸駅前にあった中央市民病院は、病院関係

山の中の仮設住宅

神戸市の仮設住宅の配置図（『朝日新聞』1995年6月8日）

者らの反対を押し切って人工島に移されていた。この島へのアクセスであるたった一本の橋は地震で傾き、交通が遮断された。市民の生命を守るべき中央市民病院には負傷者を搬送できず、市民の生命を守れなかった。日常から市民の福祉や生活環境に力を注ぐ行政が、防災対策であり、危機管理であることを、震災は実証した。また、山の中などの仮設住宅で二五〇人余、復興公営住宅で四〇〇人余が孤独死や自殺を続けている。行政の住居への認識の欠如による。

和歌山市内にある「麦の郷」は、幼児から高齢の障害者までの発達支援、生活支援、労働支援などにとりくむ障害者総合リハビリテーション施設である。JR・南海電鉄の和歌山(市)駅をとりまいて二〇以上の施設が散在している。そのとりくみは、障害者福祉の新しい時代を築こうとしているように見える。

その麦の郷（社福・一麦会）が、和歌山市西和佐地区（人口五一八一人）連合自治

災害復興公営住宅（須磨区・名谷）

会とともに二〇〇五年一一月二一日、大橋健一・和歌山市長に一つの提案を行った。その趣旨は、「①地域の福祉施設を高齢者（特に一人暮らし）障害者の避難場所に活用してはどうか。②福祉施設には人材や給食など二〇〇人用の設備がある。③職員など一二〇人の専門性を生かすこともできる。④地域には民生児童委員や連合自治会とのネットワークもある。⑤ライフラインが不通になっても麦の郷では井戸水が使用可能で、プロパンガスさえあれば給食が可能である。——これらが普遍化できれば、災害時要援護者対策になります」。

市長はこの提言を好意的に受け止めたという。こうした発想ととりくみが全国にひろがることを期待したい。

なおこの項に関して詳しくは『居住福祉』（岩波新書、一九九七年）を参照願いたい。

19　故郷は心の居住福祉資源—新潟県「山古志村」

新潟県山古志村（現長岡市）は、二〇〇四年一〇月二三日の中越地震で一瞬にして〝崩壊〟した。震災直後、現地を訪れ案内された村役場から見おろす村の風景は、「山が動き、大地が裂け、水が村を呑み込む」、さながら十戒の世界を彷彿《ほうふつ》させるものであった。長島忠美村長（当時）は全村避

新潟県山古志村の仮設住宅（長岡市内）

難を決断、住民は長岡ニュータウンの仮設住宅に移り住むことになった。

山古志村は五地区、一四集落、六九〇世帯、村民約二一〇〇人。そのうちの三地区、一二集落、約九〇〇人が住む陽光台仮設住宅団地を訪ねた。

村民は集落ごとに入居し、道路わきに集落の名前を記した看板を立てた。山古志村での月一回の集まりを、以前と同じようにつづけた。

診療所の医師、看護師、保健師も以前と同じ。小型トラックの物品販売も同じ人がまわる。簡易郵便局も元のまま。駐在所員七人のうち一人は山古志村出身。仮設近くの土地が農園として提供され、スイカ、メロン、トマト、キュウリ、ナス、カボチャなどを栽培。引きこもりを防止し、自分の仕事がつづけられるようになった。

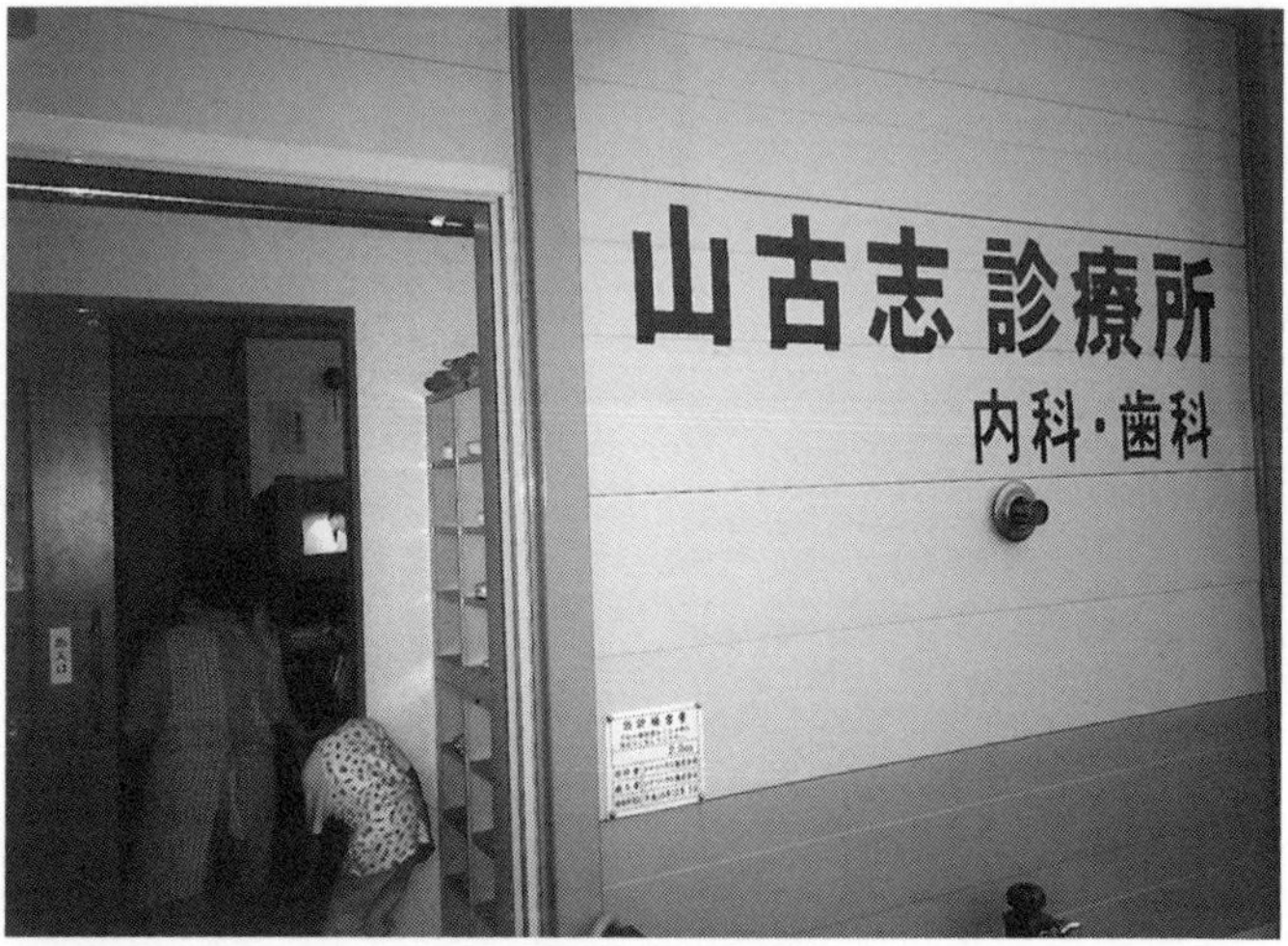

長岡市内・山古志村仮設住宅団地内診療所

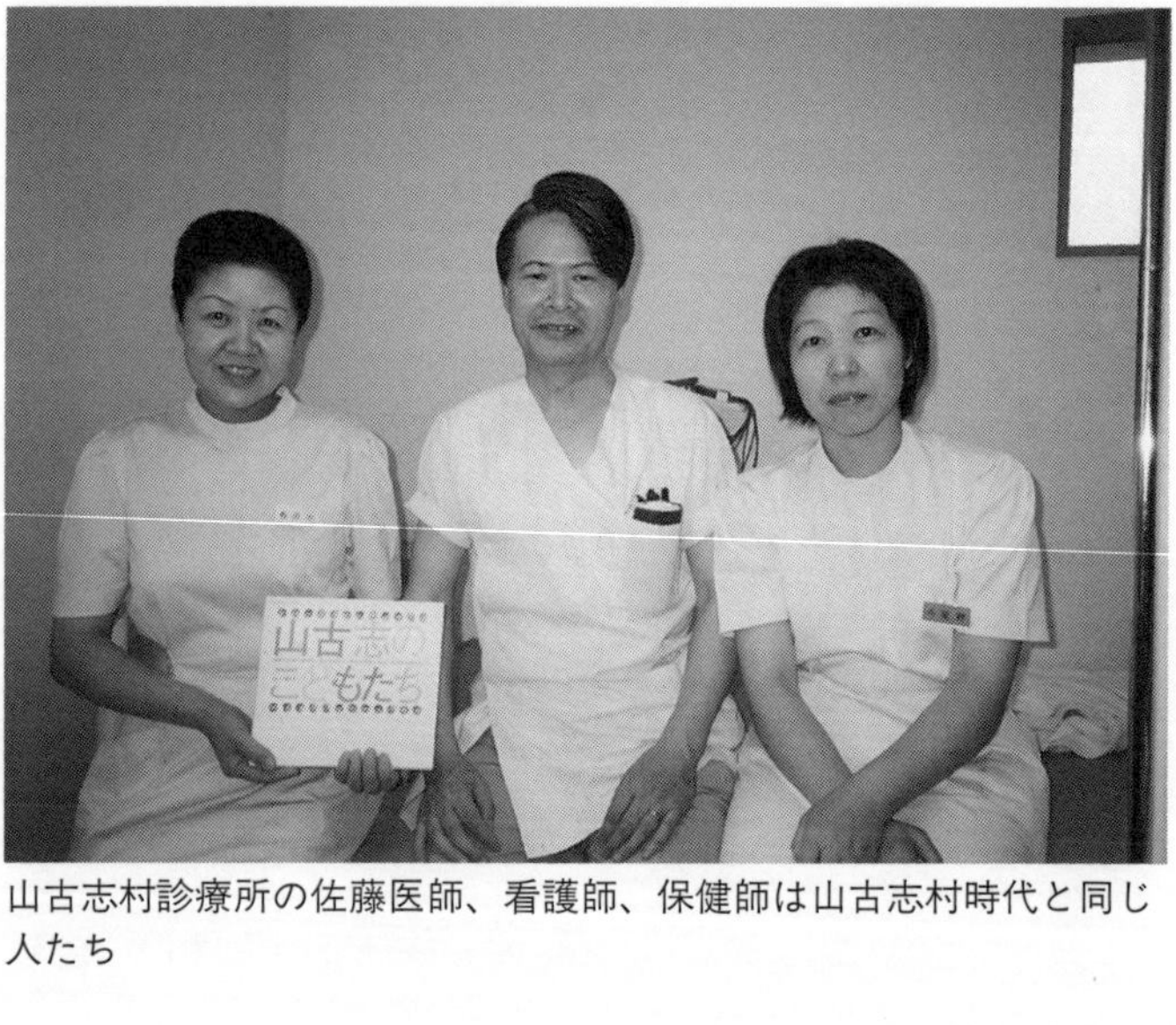

山古志村診療所の佐藤医師、看護師、保健師は山古志村時代と同じ人たち

仮設住宅居住者に提供された農園。遠景は仮設住宅

かくして、仮設住宅は村の暮らしの再現となった。阪神のときのように見知らぬ土地にバラバラに入居させられ、コミュニテイを奪われ、孤独死や自殺に追い込まれた人もいたのとは対照的である。

これらの対応は、阪神大震災の復興対策を徹底的に反面教師とした。

今も「帰ろう山古志へ」と呼びかける長島元村長らは「山古志村が共有してきた生活、仕事、歴史、文化、景観を含めたなりわいのすべてが再建されてこそ、山古志の復興なんです。住空間だけでなく、大切に守ってきた心を感じる故郷にしたい」と語る。元村長らの思いが届くように願おう。

老後の転居や環境の急変は、心身に大きな影響を与えることがある。本人の意識にかかわらず、

「引っ越しうつ病」の発症や認知症などを引き起こし、最悪の場合、死に至る。

二〇〇〇年の鳥取県西部地震復興で、片山善博知事が住宅再建に三〇〇万円などの援助を決断したのも「これからもここに住みつづけたい」という老婦人の訴えに涙したからという。

コミュニティや故郷は「心の中の居住福祉資源」なのである。

20　高速道路を壊して清流をとりもどす—ソウル市清渓川《チョンゲチョン》の復元

ソウル市役所のそばを走る清渓高架道路は、清渓川にふたをしてつくられた高速道路で、長さ五・八キロメートル、幅一六メートル、一日平均十余万台の車が走っていた。この都心の高速道路を壊して、魚のすむ清流に戻す工事が、二〇〇三年七月に開始された。

なぜ復元が必要だったのか。二〇〇五年八月上旬、完成間近かの清渓川を訪れた。現地で貰った資料によると主な理由は次の四つという。
①ふたの下の川底に流れ込んだ化学汚染物質で、上の構造物が腐食し市民の安全が脅かされていた。
②ソウルを、きれいな水の流れる緑豊かな美しい人間中心の環境都市として生まれ変わらせる

清渓高速道路（ソウル特別市清渓川復元推進本部提供）

契機にする。
③清渓川の下に埋まる朝鮮時代の歴史遺産を復元させ、民族の誇りを取り戻す。
④都心地域を国際金融・ファッション・観光産業の街として活性化させる、など。

復元工事に際しては、地元の住民、商人会と四〇〇〇回以上の会合を開いたという。

一〇月一日、竣工式の日に再び出かけた。夕方からの式典には大統領や市長も参加した。厳重な警戒である。祝賀行事の楽隊が朝鮮衣装をまとって次々行進する。翌二日、朝から出かける。両岸に並木がつづく。水辺の遊歩道には噴水、滝、休息のテラス。モダンな吊り橋、屋根のある橋がかかっている。

訪れる市民の数はしだいに増え、昼ごろには通

道路をこわして清流がとりもどされた。2005年 8 月 1 日撮影

2005年10月 2 日の風景

るのも大変。翌日の新聞は、市民九〇万人が見物に来た、と報じた。

日本では、東京都江戸川区の親水公園がすばらしい。かつて、区内には四二〇キロメートルにも及ぶ水路や中小河川が縦横に流れ、農業用水、水上交通、子供の魚捕りや水遊びなど暮らしを支えていたが、都市化の進展でドブ川と化した。

一九七四年、区は悪臭を放つこれらの川をレクリエーション・緑道河川事業として再生に着手。九六年、五つの親水公園が完成し、総延長一二〇〇メートルの美しい水の帯ができた。魚類、昆虫、野鳥、水性生物などは二〇〇種に及び小中学生の学習、散策、景観形成、環境の回復、気温の調節、防災等々の役割を果たしている。

子供が嬉々として水遊びし、親子が歓声をあげている。一人の老婆がその光景を飽きずに眺めている(四、扉写真)。

2005年10月1日。清渓川復元祝賀の記念行列

ドブ川をつくりかえた江戸川親水公園の一部

私は声をかけた。子どもはいるが、もう長いこと音信はない。毎日、晴れた日には弁当を持ってここに来る。

「子どもを眺めているだけで楽しいです」。

清らかな川の流れ、水辺の風景が暮らしを豊かにする「居住福祉資源」であるのは世界共通だ。ソウルの高速道路撤去、江戸川区の親水公園による水と緑の回復は、時代の転換の先駆けである。

(注) 清渓川の復元によって、周辺地域の気温は一・八度下がった、という（早川『災害に負けない「居住福祉」』藤原書店、参照）。

（江戸川区環境促進事業団提供）

江戸川親水公園の施工前（上）、施工後（下）（同じ場所ではない）

むすびにかえて―住居の社会的保障は最大の居住福祉資源

国民を不安のどん底に陥れたマンションの「耐震強度偽装問題」には、いくつもの要因があるが、問題の本質は、市場原理の住宅政策にある。

要因の第一は、建築関係者に、住人の生命を守り住宅を提供するという職業的モラルと社会的責任感が欠けていたことである。

第二は、下請けや孫請けを使って利潤を上げ、低質な住宅をつくるという建築業界の体質である。

第三は、安全確認に関わる検査を営利目的の私企業に任せれば公正は期し難いということであり、これが事件の直接の原因になった。

これらに加え、あまり指摘されてはいないが、重要なのが、業者が阪神大震災に学ぶどころか、これを悪用したことである。

阪神では多くの木造住宅が崩壊したが、実は新築のマンションも多数倒壊している。「近代的大都市を襲った初の直下型地震」などと天災のせいにして、原因は検証せずに処理されたが、本当に不可抗力だったのか。震災の後、全半壊マンションの耐震強度を点検していれば、今回のような偽装はなかったにちがいない。

今からでも、阪神で全半壊した建物の構造計算書を再検証すべきである。

そして最後に、今の住宅政策が市場原理中心となっていることである。

これこそが耐震偽装問題の核心だろう。

戦後六〇年たっても、日本人には依然、まともな住居の確保が難しい。公営住宅は西欧諸国とは比較できないほど少なく、入居できても収入が増えると退去を迫られる。民間借家も家賃が高い。だから、建て売りやマンシ

阪神大震災の震災跡を視察する著者

ョン購入に追い込まれる。

国際的にみれば普通か普通以下の面積なのに、ヒューザーのマンションが「広い割りに安い」と人気を呼んだのは、逆に、日本の住宅がいかに狭くて高いかを示している。

不況下の無理な持ち家購入は、少しでも安い物件探しに向かう。業者も、競争のため経費圧縮を図る。こうした負の連鎖の中で、床が傾く、雨漏りがする、建具がきちんと閉まらない、カビが生える——といった「欠陥住宅」がますます目立つようになった。強度偽装は、戸建て住宅の手抜き工事と同根である。

居住保障政策への転換の必要性

欠陥住宅購入に人びとを駆り立てる住宅事情・住宅政策こそが、マンション偽装問題の本質である。

「一九八一年の新耐震基準以前の住宅が問題」とはよく言われるが、それ以後も欠陥住宅、低質住宅は全国に氾濫している。建築基準法は、政治資金規制法、売春防止法とならぶ三大「ザル法」の一つとされ、違法建築はいくらでもある。建築行政は戦後一貫して弱体だったのである。

しかし、生活の楽しみを犠牲にし、ひたすら働いてローンを払って得たものが「殺人マンション」だったなどという悲劇をこれ以上許してはならない。政府は、自助努力、市場原理の住宅政策から、国、自治体、社会等の責任による公的・社会的保障政策としての住宅政策への転換と建築確認体制の飛躍的充実にとりくむべきだ。

住居に不安がなければ、人は何とか暮らせる。医療や福祉にかかる経費はその都度消える一種の「消費」だが、優良住宅という「居住福祉資源」は、いったん整備されれば次世代に引き継がれ、暮らしや健康や福祉を支える社会資本となっていく。超高齢社会を迎える二一世紀は、居住保障こそが最大の居住福祉資源であり、安心して生きられる社会をつくる基本的基盤であり、憲法二五条の生存権の基礎であり、現代社会の課題である。

なお日本の住宅政策の歴史、動向に関しては、本間義人『どこへ行く住宅政策』(居住福祉ブックレット2)を参照されたい。

(後記) 本書の取材に当たっては、紙面に紹介させて頂いた方々のほか多くの人にお世話になりました。お礼申しあげます。本書は「共同通信」配信の連載記事(二〇〇五年六月から一五回)に加筆したものです。断わりのない写真はすべて著者によるものです。共同通信掲載記事の図書化としては『老いの住まい学』につづく二冊目です。貴重な助言を頂いた工藤康次記者にお礼申し上げます。

本書のような考え方が契機になって、全国で「わがまちの居住福祉資源」のような発見と評価が行われ、発信されることを期待しています。それが日本の町や村を住みやすく暮らしやすくしていく原動力になると、私は考えています。

参考文献：

1 『住宅貧乏物語』（岩波新書、一九七九年）『居住福祉』（同、一九九七年）。
2 『居住福祉の論理』（岡本祥浩共著、東京大学出版会、一九九三年）。
3 『人は住むためにいかに闘ってきたか』（東信堂、二〇〇五年）。
4 『早川式「居住学」の方法』（三五館、二〇〇九年）。
5 『ケースブック日本の居住貧困』（編集代表、藤原書店、二〇一一年）。
6 『災害に負けない「居住福祉」』（藤原書店、二〇一一年）。

「居住福祉ブックレット」刊行予定

☆既刊、以下続刊（刊行順不同、書名は仮題を含む）

☆01	居住福祉資源発見の旅（本書）	早川　和男（神戸大学名誉教授）
☆02	どこへ行く住宅政策	本間　義人（法政大学名誉教授）
☆03	漢字の語源にみる居住福祉の思想	李　　桓（長崎総合科学大学准教授）
☆04	日本の居住政策と障害をもつ人	大本　圭野（東京経済大学教授）
☆05	障害者・高齢者と麦の郷のこころ	伊藤静美・田中秀樹他（麦の郷）
☆06	地場工務店とともに	山本　里見（全国健康住宅サミット会長）
☆07	子どもの道くさ	水月　昭道（立命館大学研究員）
☆08	居住福祉法学の構想	吉田　邦彦（北海道大学教授）
☆09	奈良町《ならまち》の暮らしと福祉	黒田　睦子（㈳奈良まちづくりセンター副理事長）
☆10	精神科医がめざす近隣力再生	中澤　正夫（精神科医）
☆11	住むことは生きること	片山　善博（前鳥取県知事）
☆12	最下流ホームレス村から日本を見れば	ありむら潜（釜ヶ崎のまち再生フォーラム）
☆13	世界の借家人運動	髙島　一夫（日本借地借家人連合）
☆14	「居住福祉学」の理論的構築	柳中権・張秀萍（大連理工大学教授）
☆15	居住福祉資源発見の旅Ⅱ	早川　和男（神戸大学名誉教授）
☆16	居住福祉の世界：早川和男対談集	早川　和男（神戸大学名誉教授）
☆17	医療・福祉の沢内と地域演劇の湯田	高橋　典成（ワークステーション湯田・沢内） 金持　伸子（日本福祉大学名誉教授）
☆18	「居住福祉資源」の経済学	神野　武美（ジャーナリスト）
☆19	長生きマンション・長生き団地	千代崎一夫・山下千佳（住まいとまちづくりコープ）
☆20	高齢社会の住まいづくり・まちづくり	蔵田　　力（地域にねざす設計舎 TAP-ROOT）
☆21	シックハウス病への挑戦	後藤三郎・迎田允武（健康住宅居住促進協会）
☆22	韓国・居住貧困とのたたかい	全　泓奎（大阪市立大学准教授）
23	社会的入院から地域住民へ	渡部　三郎（宇和島病院理事長）他
24	ウトロで居住の権利を闘う	斎藤　正樹（ウトロ住民）
25	居住の権利―世界人権規約の視点から	熊野　勝之（弁護士）
26	農山漁村の居住福祉資源	上村　　一（社会教育家・建築家）
27	スウェーデンのシックハウス対策	早川　潤一（中部学院大学准教授）
28	中山間地域と高齢者の住まい	金山　隆一（地域計画総合研究所長）
29	包括医療の時代―役割と実践例	坂本　敦司（自治医科大学教授）他
30	健康と住居	入江　建久（新潟医療福祉大学教授）
31	地域から発信する居住福祉	野口　定久（日本福祉大学教授）

著者紹介

早川　和男（はやかわ　かずお）

1931年奈良市に生まれる。京都大学工学部建築学科卒。建設省建築研究所住宅計画・都市計画・建設経済各研究室長、英国国立建築研究所・ロンドン大学経済学部客員研究員、天津大学客員教授等を経て、現在、神戸大学名誉教授、国際居住福祉研究所所長、日本居住福祉学会会長、工学博士

主な著書

『空間価値論』(勁草書房)、『土地問題の政治経済学』(東洋経済新報社)、『住宅貧乏物語』『居住福祉』(岩波新書)、『新・日本住宅物語』(朝日新聞社)、『居住福祉の論理』(共著、東京大学出版会)、『災害と居住福祉』『権力に迎合する学者たち―「反骨的学問のススメ」』『早川式「居住学」の方法―50年の思索と実践』(三五館)、『講座現代居住』(全5巻、編集代表、東京大学出版会)、『人は住むためにいかに闘ってきたか』(東信堂)、『ケースブック・日本の居住貧困―子育て／高齢障がい者／難病患者』『災害に負けない「居住福祉」』(藤原書店)他。

受　賞　日本都市計画学会賞、日本生活学会賞、毎日21世紀章、久保医療文化章、建設大臣賞等。

（居住福祉ブックレット１）
居住福祉資源発見の旅：新しい福祉空間、懐かしい癒しの場

2006年３月25日　初　版　第１刷発行　（検印省略）
2012年４月25日　初　版　第３刷発行

＊定価は裏表紙に表示してあります

著者©早川和男　装幀 桂川潤　発行者 下田勝司　印刷・製本 中央精版印刷

東京都文京区向丘1-20-6　郵便振替00110-6-37828
〒113-0023　TEL(03)3818-5521㈹　FAX(03)3818-5514　発行所 株式会社 東信堂
E-mail：tk203444@fsinet.or.jp
Published by **TOSHINDO PUBLISHING CO., LTD.**
1-20-6, Mukougaoka, Bunkyo-ku, Tokyo, 113-0023, Japan
http://www.toshindo-pub.com/
ISBN4-88713-658-7 C3336©K. HAYAKAWA

「居住福祉ブックレット」刊行に際して

安全で安心できる居住は、人間生存の基盤であり、健康や福祉や社会の基礎であり、基本的人権であるという趣旨の「居住福祉」に関わる様々のテーマと視点—理論、思想、実践、ノウハウ、その他から、レベルは高度に保ちながら、多面的、具体的にやさしく述べ、研究者、市民、学生、行政官、実務家等に供するものです。高校生や市民の学習活動にも使われることを期待しています。単なる専門知識の開陳や研究成果の発表や実践報告、紹介等でなく、それらを前提にしながら、上記趣旨に関して、今一番社会に向かって言わねばならないことを本ブックレットに凝集していく予定です。

2006年3月

日本居住福祉学会
株式会社　東信堂

日本居住福祉学会のご案内

〔趣　　旨〕

人はすべてこの地球上で生きています。安心できる「居住」は生存・生活・福祉の基礎であり、基本的人権です。私たちの住む住居、居住地、地域、都市、農山漁村、国土などの居住環境そのものが、人々の安全で安心して生き、暮らす基盤に他なりません。

本学会は、「健康・福祉・文化環境」として子孫に受け継がれていく「居住福祉社会」の実現に必要な諸条件を、研究者、専門家、市民、行政等がともに調査研究し、これに資することを目的とします。

〔活動方針〕

(1) 居住の現実から「住むこと」の意義を調査研究します。

(2) 社会における様々な居住をめぐる問題の実態や「居住の権利」「居住福祉」実現に努力する地域を現地に訪ね、住民との交流を通じて、人権、生活、福祉、健康、発達、文化、社会環境等としての居住の条件とそれを可能にする居住福祉政策、まちづくりの実践等について調査研究します。

(3) 国際的な居住福祉に関わる制度、政策、国民的取り組み等を調査研究し、連携します。

(4) 居住福祉にかかわる諸課題の解決に向け、調査研究の成果を行政改革や政策形成に反映させるように努めます。

学会事務局・入会申込先

〒558-8585　大阪市住吉区杉本3-3-138
大阪市立大学　都市研究プラザ
全泓奎研究室気付
TEL・FAX　06-6605-3447
E-mail　jeonhg@ur-plaza.osaka-cu.ac.jp
http://www.geocities.jp/housingwellbeing/
郵便振替口座：00820-3-61783